Compositions florales et bouquets

Hilde Lena Burke
Ursula Krüger

ÉDITIONS FRANCE LOISIRS

Sommaire

Bouquets à offir 56

Dites-le avec des fleurs

Bouquets originaux

Petite initiation à l'art floral

Le pouvoir des fleurs

Les fleurs ont l'immense pouvoir de nous émouvoir. Arranger quelques fleurs dans un intérieur peut contribuer à modifier une ambiance ou une humeur. Offrir des fleurs permet aussi d'exprimer une infinité de sentiments... Ces deux missions imparties aux fleurs : créer une atmosphère et communiquer un sentiment correspondent aux deux parties traitées dans cet ouvrage. La première propose de nombreuses idées de compositions florales et décrit également l'art de mettre en valeur les fleurs individuelles avec un minimum de matériaux et de frais. La seconde présente idées et conseils pour réaliser des bouquets de fleurs qui permettent d'offrir un cadeau personnalisé dans les occasions les plus diverses (il est possible, par exemple, d'offrir un petit cadeau en le présentant dans un bouquet). Pour chacun des modèles proposés, nous vous indiquons les fournitures nécessaires et la marche à suivre, étape par étape.

Des fleurs de toutes tailles forment un ensemble original et artistique.

Dans ce vase rétro, anémones et alchémilles ont beaucoup d'allure et créent une petite note chaleureuse.

Techniques et matériaux

Règle d'or : savoir acheter les fleurs

Il serait dommage de voir les fleurs pencher déjà la tête ou se faner au bout de quelques jours. Lors de l'achat, vous devez avoir présents à l'esprit les points suivants : la longévité des fleurs de saison et cultivées en plein champ est généralement plus grande que celle des fleurs de serre. Durant la saison froide, n'achetez pas de fleurs en boutons : ils restent le plus souvent fermés. Autre astuce : si leurs feuilles sont molles, c'est que les fleurs manquent de fraîcheur.

Les tiges ligneuses se taillent en biseau et de haut en bas.

Préparation des fleurs

Vos bouquets et compositions tiendront plus longtemps si vous traitez au préalable les fleurs et les feuillages de la façon suivante :

- Taillez droit les tiges herbacées et en biseau les tiges ligneuses. Fendez ensuite les tiges ligneuses sur quelques centimètres à l'aide d'un couteau bien aiguisé, ou bien écrasez-les légèrement, pour faciliter l'absorption de l'eau.
- Remettez les tiges immédiatement dans l'eau, afin d'éviter aux endroits coupés de se dessécher.
- Plongez brièvement dans l'eau bouillante les tiges des fleurs qui sécrètent un suc laiteux (euphorbe, par exemple), ou brûlez légèrement leur extrémité à la flamme d'une allumette.

Placez près de vous tout ce que votre imagination a choisi pour mettre en valeur les fleurs.

Si vous plongez brièvement l'extrémité de leurs tiges dans l'eau bouillante, vos fleurs resteront fraîches plus longtemps.

■ Enlevez les feuilles et les petits rameaux sur toute la partie de la tige qui sera immergée dans l'eau. Pour la plupart des fleurs, il est facile de le faire à la main. Débarrassez les roses de leurs épines à l'aide d'un petit couteau aiguisé ou d'un enlève-épines.

■ Avant de commencer votre bouquet, préparez toutes les fournitures nécessaires en les disposant par catégories ou dans leur ordre d'utilisation. Instruments et raphia doivent se trouver eux aussi à portée de main.

Soins à apporter aux fleurs

Veillez à ce que les fleurs aient toujours de l'eau fraîche en quantité suffisante (et si possible pauvre en calcaire). Toutes les tiges doivent tremper dans l'eau. Pensez à changer régulièrement l'eau des fleurs, au plus tard lorsqu'elle est trouble. Quelques gouttes d'eau de Javel ou une pincée de bicarbonate de soude suffiront à empêcher l'apparition des bactéries responsables de la décomposition des végétaux. Les fleurs défraîchies reprendront vie si vous coupez l'extrémité de leurs tiges.

Instruments et accessoires

Les instruments ci-dessous sont indispensables :

(de gauche à droite) : Enlève-épines, couteau de fleuriste, pince coupante, sécateur, paire de ciseaux.

La *mousse de fleuriste* constitue aussi un accessoire très utile. On emploie le plus souvent de la mousse synthétique, disponible en blocs dans les jardineries, les magasins de loisirs créatifs et chez les fleuristes. Il est facile de la découper à l'aide d'un couteau pour réaliser la forme souhaitée. On trouve aussi des formes toutes faites, en différentes tailles (cœurs, par exemple). La mousse utilisée pour les fleurs fraîches est de couleur verte, celle réservée aux fleurs séchées est grise. Avant qu'on y pique les fleurs, la mousse doit être complètement imbibée d'eau. Il suffit pour cela de plonger entièrement le morceau déjà coupé dans un récipient plein d'eau.

La mousse synthétique est disponible en blocs ou en formes prédécoupées.

Pour les compositions florales :

■ Présentation : le choix du récipient

Un gros bouquet sophistiqué ne sera pas nécessairement plus spectaculaire. Bien souvent, on n'appréciera pleinement la forme originale d'une fleur et sa subtile beauté que si elle est présentée seule, sans grand accompagnement. Plus encore pour les fleurs individuelles et les petites compositions que pour les gros bouquets, le choix du vase est primordial. Indépendamment des vases classiques, vous trouverez dans

Support naturel : très souples, les branches de chèvrefeuille (dépourvues de feuilles) permettent ici de maintenir en place des éprouvettes contenant des gerberas.

votre intérieur une multitude de récipients pouvant très bien recevoir des fleurs : flûtes à champagne, photophores, objets chinés aux puces, etc.

■ Accessoires spécifiques

Vous pouvez pour les compositions florales piquer les tiges dans quantité de matériaux et d'objets décoratifs, au gré de votre fantaisie : billes de verre, coquillages ou coquilles d'escargots, etc.

Assortiment de matériaux et accessoires pouvant servir à piquer les fleurs (de gauche à droite) : tiges de prêle, coquillages disposés dans un récipient en verre, raphia, billes de verre, réservoirs à orchidée, bâtons de cannelle, pommes d'ornement.

On utilise de même toutes sortes de *matériaux naturels*, très décoratifs eux aussi. Là encore, laissez libre cours à votre imagination. Cependant, il faut éviter de laisser tremper dans l'eau tous les matériaux susceptibles d'y pourrir, tels que pommes d'ornement ou fruits frais. Si vous souhaitez combiner dans un grand récipient quelques fleurs fraîches avec des matériaux naturels, utilisez de préférence des accessoires supplémentaires : simples *éprouvettes* par exemple – disponibles en pharmacie -, ou *réservoirs à orchidée* (tubes à réservoir d'eau), en vente chez les fleuristes.

Légères et creuses, les tiges de *prêle* peuvent être utilisées de multiples façons en guise de support ou d'élément décoratif (voir pages 32 et 44). Coupées à la longueur voulue et nouées en petites bottes avec du raphia, elles sont d'un très bel effet décoratif dans des récipients en verre.

Pour les bouquets à offrir :

■ Présentation : les emballages décoratifs

Autre solution, tout aussi décorative : enveloppez la partie inférieure du bouquet dans un papier bicolore, maintenu par du raphia.

Un bouquet peut être offert emballé dans un papier cadeau ou orné d'une jolie collerette. Si le bouquet doit voyager un certain temps, il faut bien l'humidifier. Le plus simple est de procéder de la manière suivante : coupez un carré de papier Cellophane, placez les fleurs au milieu et rabattez le papier, qui forme une sorte de poche autour des tiges. Remplissez d'eau ce vase improvisé et attachez solidement la Cellophane, afin d'éviter tout risque de fuite. Une autre solution consiste à entourer les tiges d'une serviette en papier humide recouverte de papier aluminium, avant de mettre en place la collerette ou le papier cadeau.

Pliez en deux une feuille de papier assorti aux couleurs du bouquet, de façon à former un long rectangle de papier. Plissez-le à partir de l'un des petits côtés.

Entourez le bouquet d'une collerette de papier et arrangez-la harmonieusement. Attachez les deux côtés de la collerette avec du ruban adhésif transparent ou avec des agrafes.

Accessoires spécifiques

Un accessoire indispensable pour les bouquets : le *fil métallique de fleuriste*. Il existe en différents calibres et longueurs, gainé de plastique vert ou non, et permet de fixer les objets les plus divers dans un bouquet. Pour les objets fragiles, il est préférable d'utiliser du fil métallique gainé de plastique. Assurez-vous que le fil est assez solide pour maintenir l'objet bien en place.

Par exemple, la petite voiture (voir page 84) est fixée dans le bouquet grâce à deux tiges de fil métallique passées autour des roues avant et arrière. Quant à la petite cuillère en argent (voir page 82), elle est attachée par le milieu – son centre de gravité – dans le bouquet de naissance afin de rester en équilibre.

Pour placer un fruit ou un légume dans un bouquet, il suffit de le percer avec le fil métallique et d'entortiller l'extrémité la plus courte autour de l'autre extrémité. Une fois le bouquet achevé, le fil métallique doit demeurer invisible.

Pour monter un citron sur du fil métallique, percez la base du citron avec une tige de fil métallique et entortillez l'extrémité la plus courte autour de l'autre extrémité.

Un fil métallique très fin permet de réaliser par exemple une boucle de verdure à partir d'une longue feuille : enroulez le fil autour de la tige, piquez l'extrémité du fil dans la partie supérieure de la feuille et fixez le tout à la base de la feuille repliée sur elle-même.

À la fois utile et décoratif, le *raphia* est disponible en plusieurs couleurs. Le raphia vert – synthétique – est moins décoratif, mais on l'emploie souvent pour les bouquets.

De tailles différentes, *les crochets en épingle à cheveux (cavaliers)* sont d'une grande utilité : ils servent à fixer la mousse végétale ou les rameaux sur la mousse synthétique (voir page 64). Il est très facile de fabriquer soi-même des crochets avec du fil métallique.

Un fil métallique très fin permet de donner aux feuillages la forme souhaitée.

Accessoires utiles : (de gauche à droite) raphia naturel, raphia synthétique, crochets en épingle à cheveux (cavaliers), fil métallique de fleuriste (existe en différents calibres).

■ Technique de base du bouquet

Ne perdez pas patience si vous n'obtenez pas immédiatement un résultat parfait : c'est en forgeant que l'on devient forgeron ! Nous vous présentons ci-dessous la technique dite « en spirale ».

L'important est de placer les tiges toujours dans le même sens, en veillant à ne pas laisser d'espace vide entre les tiges. La position des tiges – plus ou moins en diagonale – déterminera la forme ronde ou ovale du bouquet, avec un dôme plutôt plat ou semi-arrondi. Pour obtenir un bouquet bien rond, faites-le pivoter à mesure que vous ajoutez les fleurs

Maintenez une tige à la verticale et ajoutez une seconde tige en diagonale, devant la première.

Incorporez ensuite les autres fleurs et éléments du bouquet, en spirale, toujours du même côté et en les décalant vers le bas. Faites légèrement pivoter le bouquet au fur et à mesure.

– mais attention à ne pas le laisser tomber ! Une fois le bouquet fini, nouez-le avec du raphia au point de jonction des tiges, là où elles se croisent.
Coincez l'une des extrémités du lien de raphia sous le pouce de la main qui tient le bouquet et entourez les tiges de raphia, juste au-dessus.
Ne serrez pas trop pour ne pas abîmer les tiges, mais suffisamment pour bien maintenir le bouquet, sinon les fleurs glisseront. Entourez plusieurs fois les tiges avec du raphia, en terminant par un nœud. Pour finir, égalisez les tiges à la longueur voulue et fendez-les à nouveau.

En même temps, veillez à donner au dôme du bouquet la forme souhaitée – arrondie ou plate.

Égalisez les tiges à la longueur voulue et fendez-les à nouveau.

Compositions florales

Cavalier seul

Mise en valeur de fleurs individuelles

DÉCORATIF

Rose en vedette

Fournitures

- **a** Mousse végétale
- **b** 1 ou 2 fleurs d'hortensia (en fonction de leur taille)
- **c** Rose
- **d** Alchémille
- **e** Rameaux de muehlenbeckia (frais ou secs)

1. Garnissez un petit pot en terre cuite de mousse synthétique, dissimulée sur les bords par de la mousse naturelle. Piquez la fleur (les fleurs) d'hortensia au milieu du pot.

Variante : une seule rose, piquée dans de la mousse végétale ou dans du buis, aura également beaucoup de charme.

2. Insérez la rose au cœur de la fleur (des fleurs) d'hortensia et décorez le tout avec l'alchémille et les rameaux de muehlenbeckia.

MAJESTUEUX

Lys solitaires

Fournitures

a Coquilles d'escargots (ou gros coquillages)

b Lys (très fleuri si possible)

Placez dans un récipient bombé en verre des coquilles d'escargots ou des coquillages. Remplissez-le d'eau à moitié. Le lys disposé en diagonale forme un contraste réussi avec les contours arrondis du bocal.

1re variante : Vous pouvez remplacer le lys par une petite branche de pommier.

2e variante : Une belle et unique fleur – ici, un tournesol – associée à trois petites pommes, sera également d'un superbe effet décoratif.

PÂQUES

Duo de lapins

Fournitures

a 2 rameaux de pervenche
b 2 pensées rouges
c 2 pensées bleues ou mauves

Munis de petits tubes en verre, les supports décorés de lapins peuvent aussi bien accueillir des fleurs à tiges courtes, comme les pensées, que des fleurs à longues tiges. Ci-contre, nous avons remplacé les pensées par des renoncules.

Photophores reconvertis

Fournitures

a Roses de couleur rose

b Feuilles d'heuchère

Les photophores existent dans les formes les plus diverses. En fil de fer, ceux-ci font des vases charmants. Débarrassez les récipients en verre d'éventuels résidus de cire en les passant à l'eau bouillante.

1re variante : Des anémones bien épanouies – une seule fleur par photophore – constituent une composition pleine de charme.

2e variante : Les couleurs du pavot d'Islande sont très lumineuses. Quelques fleurs, disposées à des hauteurs différentes dans des photophores, créent un jeu harmonieux de formes et de couleurs. Astuce : Séchées, les capsules de pavots sont elles aussi d'un très bel effet décoratif.

Farandole multicolore

Fournitures

- a Dahlias à collerette orangés
- b Boutons de dahlias avec leurs feuilles
- c Dahlia décoratif rouge
- d Dahlia nénuphar rose
- e Dahlia pompon jaune
- f Dahlia décoratif rouge orangé

Il existe de nombreuses variétés de dahlias, toutes de couleurs splendides. Prenez de simples verres à eau. Dans chacun d'eux, placez un bourgeon de fleur avec ses feuilles. Disposez les verres à votre gré, en harmonie avec le décor : décalés les uns derrière les autres ou en alignement, par exemple.

1re variante : Chaque dahlia est rehaussé par une petite couronne de muehlenbeckia (disponible dans les magasins de loisirs créatifs).

2e variante : Disposés avec souplesse dans les verres, les rameaux de muehlenbeckia servent de support naturel. Chacun des petits bouquets est composé de dix violettes, agrémentées d'une ou deux feuilles de violette.

3e variante : Si vous n'aimez pas beaucoup les compositions monochromes, vous pouvez aussi ajouter des renoncules rouges aux bouquets de violettes.

ÉLÉGANCE

Petits vases de caractère

Fournitures

a Myosotis
b Lupin
c Gentiane
d Anémone
e Véronique

Variante : « Verdure pure » (de gauche à droite) : euphorbe, orchis bouffon, rameau d'olivier, asparagus, capsules de clématite. Les tiges sont piquées dans des coquilles d'escargots déposées au fond des vases.

Sur cette double page, c'est la hauteur différente des vases élancés et des fleurs qui donne à cet arrangement tout son dynamisme. Fleurs bleues variées ou fleurs d'une seule espèce (ci-contre, grands freesias) : avec ou sans feuillage, le résultat est d'une élégance inégalable.

ALLIANCE

Rouge et vert

Matériel

- **a** 2 billes de verre rouges
- **b** Prêles
- **c** Raphia
- **d** 2 roses rouges
- **e** Églantier miniature (avec baies)

Variante : Coupez les prêles en morceaux de 3 ou 4 cm. Montez-les sur du raphia en confectionnant une sorte de collier, avec lequel vous entourerez les roses.

1. Coupez les prêles à la bonne longueur (en fonction de la hauteur des vases) et formez deux bottes liées avec du raphia.

2. Glissez la rose et le rameau d'églantier miniature entre le raphia et les prêles. La bille de verre rouge apporte à la composition sa touche de couleur finale.

ORIGINAL

Anthuriums habillés d'aspidistra

Fournitures

a Aspidistra
b Anthuriums
c Réservoirs à orchidée

1. Coupez en deux la feuille d'aspidistra.

2. Placez les anthuriums dans des réservoirs à orchidée remplis d'eau. Introduisez chaque réservoir, enveloppé d'une demi-feuille d'aspidistra, dans une flûte à champagne.

3. Réunis en groupe de trois, ces éléments constituent une composition particulièrement réussie. Variante (page ci-contre) : vous pouvez également dissimuler les tubes en verre sous une touffe de souchet.

TRANSPOSABLE

Minibouquets dans un panier à bouteilles

Fournitures

- a Mauve de couleur rose
- b Dahlia rouge
- c Mûres sauvages encore vertes
- d Feuille d'heuchère
- e Coloquinte
- f Feuille d'hosta verte et crème
- g Rose rouge
- h Rameau fleuri de skimmia
- i Rameau de muehlenbeckia

Sur les marchés aux puces, on déniche parfois de vieux paniers à bouteilles.
Les fleuristes vendent aussi des paniers de différentes tailles, patinés « à l'ancienne », et qui comportent un plus grand nombre de compartiments.

Cet arrangement est composé de simples verres à motifs colorés, transformés en vases. Vous pouvez également utiliser n'importe quels autres verres, pourvu qu'ils fassent bel effet dans les orifices arrondis du panier à bouteilles.

Décoratives et simples à réaliser

Compositions spectaculaires

CHAMPÊTRE

Clin d'œil automnal

Fournitures

a Baies d'églantier

b Orpin

c Rameaux de tillandsie (mousse espagnole)

1. Introduisez l'orpin dans de petits tubes en verre, puis camouflez-le derrière le pseudo-arrosoir, en le laissant à peine dépasser du bord de celui-ci.

2. Prenez des petits pots en même métal que l'arrosoir et remplissez-les à moitié de mousse synthétique. Disposez-y les églantiers réunis en petits bouquets. Dissimulez le bord des pots avec des rameaux de tillandsie.

Variante : Décorez le bord de l'arrosoir avec des gerberas rouges, placés devant de hautes touffes d'herbe.

ALTIÈRE

Couronne d'amaryllis

Fournitures

a Herbe d'ours

b 2 ou 3 fleurs d'amaryllis (en fonction de leur taille)

c Coquille d'escargot

Couronne de muehlenbeckia

1. Formez un bouquet avec les amaryllis, en les attachant juste à la base des fleurs avec un brin de raphia.

2. Nouez autour des tiges une touffe d'herbe d'ours. Placez le bouquet dans un vase en verre, élancé. La couronne de muehlenbeckia maintient le bouquet en place, et la coquille d'escargot apporte une note d'originalité à la composition.

JAPONISANT

Gerberas à l'orientale

Fournitures

- a Prêles
- b 6 minigerberas rouges
- c Billes de verre rouges
- d Fil métallique (gainé de papier)

1. Formez un triangle à partir de trois morceaux de prêles, liés à l'aide de fil métallique gainé de papier. Placé sur le bord du vase, ce triangle permettra de maintenir le gracile bouquet de fleurs.

2. Composez un petit bouquet de gerberas, en les attachant juste à la base des fleurs. Entourez-les encore à deux ou trois reprises – selon la longueur de la tige – de fil métallique gainé de papier. Le rouge des billes de verre, déposées sur le fond du vase, fait écho à la couleur des fleurs.

Petits bouquets potagers

Fournitures

- **a** Chou frisé miniature
- **b** Menthe
- **c** Delphinium
- **d** Thym
- **e** Gentiane
- **f** Piment jaune
- **g** Romarin
- **h** Gueule-de-loup rouge
- **i** Persil plat
- **j** Fenouil miniature

Une fleur de tournesol suffit à égayer un petit bouquet de thym.

Le persil plat encadre à merveille la gueule-de-loup. Allez donc faire un tour dans votre jardin : vous y trouverez certainement de nombreuses autres idées pour réaliser de petits bouquets potagers.

Page ci-contre : Assortiment de pots en terre cuite garnis de fleurs et de légumes : chou frisé miniature, fenouil miniature, piments jaunes, delphinium planté au cœur d'un petit bouquet de thym ou de gentiane.

TRANSPARENCE

Lumières flottantes

Fournitures

- a Bougie flottante
- b Roses de couleur rose, bien épanouies, avec feuilles

2e variante : En été, vous pouvez combiner des soucis, à la tige coupée très courte, avec des bougies flottantes.

1re variante : Vous pouvez remplacer les roses par des pétales de rose, au milieu desquels vous placerez une bougie. De fins rameaux de lierre disposés sur les bords de la coupe viendront joliment compléter la composition.

RÉTRO

Bouquet étagé

Fournitures

a Callas rouge foncé (en nombre suffisant)

b Roses de couleur vieux rose (en nombre suffisant)

Feuilles de géranium

Formez un bouquet avec les callas en les attachant avec du ruban adhésif transparent, puis placez le bouquet dans le vase. Les tiges doivent être assez nombreuses pour occuper entièrement la partie inférieure du vase, plus étroite. Ajoutez les roses autour des callas, en les laissant tout juste dépasser du bord du vase.

Variante : Vous pouvez remplacer les roses par de belles feuilles décoratives (ci-dessus, des feuilles de géranium).

ROMANTIQUE

Bouquets variés

Fournitures

- **a** Feuille d'heuchère
- **b** Myosotis
- **c** Mauve de couleur rose
- **d** Lupin
- **e** Baies de troène
- **f** Lierre
- **g** Rose de couleur rose
- **h** Véronique
- **i** Dahlia pompon rouge
- **j** Fougère
- **k** Rameau de muehlenbeckia

1. Nous avons utilisé ici des verres munis d'un bord en métal percé de trous. Enlevez le bord en métal et reliez les trous avec du raphia, comme sur la photo ci-contre. Si vous ne disposez pas de tels verres, confectionnez une sorte de treillis en ruban adhésif transparent pour maintenir les tiges.

2. Dans les espaces vides de ce « treillis » improvisé, piquez à votre gré fleurs, feuilles et rameaux, rustiques ou raffinés.

MINIMALISME

Soleils rouges

Fournitures

- a 5 minigerberas orangés
- b 1 minigerbera rouge
- c 6 éprouvettes en verre (disponibles en pharmacie)
- d Pommes d'ornement

1re variante : En guise de pique-fleurs naturel, disposez dans un joli récipient en verre des rameaux de chèvrefeuille dépourvus de feuilles. Vous pouvez les remplacer par des fruits, tels que coings, pommes sauvages ou pommes d'ornement rouges. Insérez ensuite les gerberas dans des éprouvettes remplies d'eau et posées dans le récipient en verre.

2e variante : Les gerberas ont été piqués dans un lit de mousse végétale.

Bouquets à offrir

Dites-le avec des fleurs

Jolis bouquets pour toutes les occasions

SAINT-VALENTIN

Je t'aime

Fournitures

a Feuilles d'heuchère
b 20 myosotis
c Asparagus
d 11 roses de couleur rose vif
e 13 eustomas de couleur rose
f 9 roses rouges
g Feuilles de bergénie

1. Commencez par disposer en croix une rose et un myosotis. Insérez un brin d'asparagus entre la rose et le myosotis.

2. Ajoutez tour à tour les eustomas, les roses rouges et les myosotis, en veillant à bien répartir les couleurs. Une fois le bouquet fini, vérifiez l'équilibre des couleurs, et rectifiez si nécessaire.

3. Terminez en disposant alternativement les feuilles d'heuchère et de bergénie en couronne autour du bouquet.

4. Gonflez un ballon en forme de cœur, nouez-le, puis fixez-le à une tige de fil métallique, que vous planterez dans le bouquet.

Joyeuses Pâques !

Fournitures

a 30 à 50 tulipes

b Touffe d'herbe

c Bambous

1. Contre la paroi d'un grand récipient en verre, disposez bien serrées de fines baguettes de bambou, toutes de la même longueur. Posez au milieu un récipient étanche en plastique rempli d'eau.

2. À la hauteur du bord du récipient en verre, nouez une épaisse touffe d'herbe. Disposez les tulipes dans le récipient en plastique, en les laissant retomber avec souplesse de tous côtés par-dessus les baguettes de bambous.

Bonne fête maman !

Fournitures

- a 50 myosotis
- b Cœur en mousse synthétique
- c Rameaux de lierre
- d Mousse végétale

1. À l'aide de crochets, fixez la mousse végétale sur le bord du cœur en mousse synthétique.

2. De la même manière, fixez les rameaux de lierre le long de la mousse végétale.

3. Coupez la queue des myosotis à environ 5 cm de long. Piquez les fleurs très serrées sur toute la surface du cœur. En guise de décoration, faites serpenter un rameau de lierre au milieu des myosotis.

FIANÇAILLES

Rouge passion

Fournitures

- a Roses rouges (nombre selon la dimension du cœur et des fleurs)
- b Mousse végétale
- c Rameaux de lierre

Cœur en mousse synthétique

1. Fixez la mousse sur le bord du cœur à l'aide de crochets et disposez le lierre de façon harmonieuse.

2. Après avoir coupé leurs tiges à 6 ou 8 cm de long, piquez les roses dans la mousse synthétique en les serrant bien les unes contre les autres. Décorez avec les rameaux de lierre glissés au milieu des roses.

La bague au doigt !

Fournitures

a Rameaux de troène, avec baies
b Feuilles d'arbre à perruque
c Asparagus
d Feuilles d'heuchère
e 30 roses de couleur vieux rose

Rameaux de myrte

1. Formez deux anneaux entrelacés à l'aide de fil métallique.

1

2

2. Enroulez les petits rameaux de myrte autour des anneaux en les fixant avec un fil métallique très fin.

3

3 et 4. Choisissez la rose la plus épanouie pour le centre du bouquet. Quant à lui, le cœur du bouquet est constitué de roses, de feuilles d'heuchère, d'asparagus et d'un rameau de troène. Disposez les fleurs restantes en maintenant la forme du bouquet.

4

FÊTE DES MOISSONS

Sous le signe de l'abondance

Fournitures

a Pennisetum
b Feuilles de schefflera
c Orpin
d Asparagus
e Botte de radis*
f Rameaux de buis
g Skimmia fleuri
h Touffe de foin
i Verge d'or
j Tournesols (capsules, sans les pétales)
k Oignons rouges*
l Courgettes*
m Pommes ou coings*
n Petit chou frisé*
o Euphorbe

Petite couronne de saule

* = montés sur une tige de fil métallique

1. Laissez les branches de saule en plein air pendant toute une nuit : l'humidité les assouplira. Tressez une robuste couronne avec les branches de saule. Posez trois points d'attache sur l'envers de la couronne à l'aide d'un solide fil métallique.

2. Nouez en gerbe un cœur de verdure constitué de buis, de skimmia, d'asparagus, de pennisetum et d'euphorbe. Installez ce cœur de verdure au centre de la couronne de saule. Entourez de verge d'or et de feuilles de schefflera. Ajoutez les orpins et les tournesols sur le sommet du bouquet.

3. Terminez en piquant les petits fruits et légumes, répartis régulièrement dans le bouquet.

4. Une corbeille métallique fait ici office de vase : elle contient un pot de fleur dissimulé derrière des prêles.

PARTIE CHAMPÊTRE

Centre de table

Fournitures

a Feuilles d'aspidistra
b Persil frisé
c 15 œillets rouges
d Herbe d'ours

1. Liez successivement les touffes d'herbe, les feuilles d'aspidistra et les petits bouquets de persil à l'aide du fil métallique, comme le montre la photo.

2. Formez un bouquet avec les œillets assemblés en spirale. Disposez en couronne les petits bouquets de persil autour des œillets.

3. Terminez en ajoutant tour à tour les feuilles d'aspidistra et les touffes d'herbe d'ours à la base du persil.

À la lueur des bougies

Fournitures

- **a** Couronne de l'Avent (on trouve dans le commerce des couronnes de sapin toutes prêtes)
- **b** 8 à 12 roses rouges (selon la dimension de la couronne)
- **c** Branches d'églantier avec leurs baies (cynorrhodons)
- **d** Lierre fleuri
- **e** 4 grosses bougies rouges
- **f** Tiges de fil métallique
- **g** Rameaux de lierre

1. Piquez les branches d'églantier et le lierre fleuri dans la couronne, puis enroulez les rameaux de lierre autour de la couronne.

2. Enfoncez dans le fond de chacune des bougies de solides tiges de fil métallique, toutes d'égale longueur et préalablement chauffées. Plantez les bougies dans la couronne, à égale distance les unes des autres.

3. Coupez la queue des roses à environ 5 cm de long, montez-les sur une tige métallique et piquez-les sur la couronne en les disposant régulièrement.

Joyeux Noël !

Fournitures

- a Sapin de Nordmann
- b Pin
- c Thuya
- d Ange (ou autre figurine de Noël)
- e 2 branches d'étoile de Noël rouge
- f 3 branches d'étoile de Noël rose
- g Thuya émeraude
- h Genévrier

1. Composez un cœur de verdure en assemblant en spirale les branches de sapin de Nordmann, de pin, de thuya, de thuya émeraude et de genévrier.

2. Insérez ensuite les étoiles de Noël dans le bouquet, en les répartissant régulièrement. Nouez le bouquet. Terminez en plantant l'ange de Noël, fixé par les pieds à une tige de fil métallique, au sommet des étoiles de Noël.

SAINT-SYLVESTRE

Bonne année !

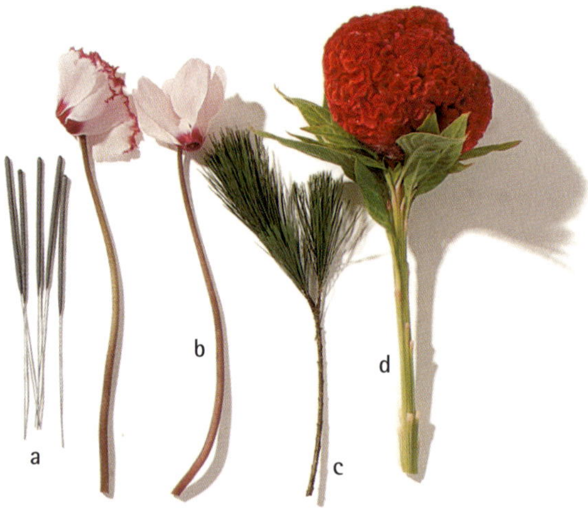

Fournitures

a 5 cierges magiques
b 30 à 50 cyclamens
c Branches de pin Weymouth
d 1 célosie

1. Disposez en couronne autour de la célosie des branches de pin Weymouth, elles-mêmes entourée de cyclamens.

2. Terminez avec une seconde couronne de branches de pin Weymouth. Nouez le bouquet, et plantez-y les cierges magiques. Vous les allumerez juste avant d'offrir le bouquet.

Bouquets originaux

Petits cadeaux offerts avec des fleurs

NAISSANCE

Bienvenue à Bébé !

Fournitures

- a 20 brins de muguet
- b Asparagus
- c Feuilles d'hosta vert et crème
- d Rameaux de lierre
- e Nœud de tulle blanc
- f Cuillère en argent (cadeau de naissance) montée sur une tige de fil métallique

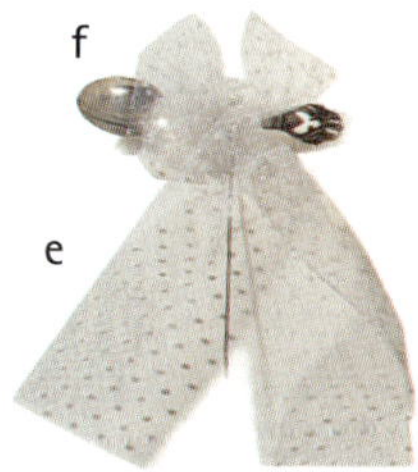

1. Composez un bouquet rond avec les brins de muguet et l'asparagus, assemblés en spirale. Entourez le bouquet avec les branches de lierre, dont les extrémités seront attachées de façon invisible.

2. Entourez le bouquet avec les feuilles d'hosta, puis nouez-le. Montez la cuillère sur une tige de fil métallique fixée en son milieu et camouflée sous le nœud de tulle. Plantez la cuillère dans le bouquet.

Bonne route !

Fournitures

a 11 roses couleur saumon
b Petite voiture, aux roues de laquelle sont fixées deux tiges de fil métallique
c Mousse végétale
d Feuilles d'aralia
e Buis
f Feuilles d'arbre à perruque
g Asparagus

Couronne de branches de muehlenbeckia : on en trouve de toutes faites et en différentes tailles, dans les magasins d'artisanat.

1. Composez un bouquet compact avec les rameaux de buis et l'asparagus, assemblés en spirale. Installez le bouquet à l'intérieur de la couronne de muehlenbeckia, en ne laissant dépasser que le sommet.

2. Entourez la couronne avec les feuilles d'aralia et d'arbre à perruque, disposées à la base de celle-ci. Nouez le bouquet, mais sans trop serrer.

3. Insérez les roses dans le cœur de verdure, de façon à former un dôme. Terminez en plaçant sur le sommet un coussinet de mousse végétale, où vous planterez la voiture.

INVITATION À DÎNER

Ambiance conviviale

Fournitures

a Buis
b Asparagus
c Brins d'herbe
d 2 roses de couleur crème
e Chanvre
f Rond de serviette en forme de homard (monté sur une tige de fil métallique)
g 8 roses rouges
h Feuilles de vigne
i Pennisetum

1. Composez un bouquet à partir des éléments de verdure assemblés en spirale (à l'exception des feuilles de vigne et des brins d'herbe). Piquez le homard fixé à une tige de fil métallique dans le centre du bouquet, puis insérez les roses une à une, en veillant à bien les répartir régulièrement.

2. Terminez en entourant la base du bouquet tour à tour de feuilles de vigne et de brins d'herbe, légèrement superposés. Décorez le bouquet avec le chanvre.

CONVALESCENCE

Prompt rétablissement !

Fournitures

a Verge d'or
b Buis
c 3 citrons (montés sur une tige de fil métallique)
d Feuilles d'aralia
e Asparagus
f 9 roses jaunes et orangées
g Pennisetum
h Euphorbe

Citrons verts

1. Le buis, le pennisetum, l'asparagus et l'euphorbe constituent la structure de verdure du bouquet.

2. Entourez le cœur de verdure du bouquet avec la verge d'or. Débarrassez les roses de leurs épines et de leurs feuilles, puis piquez-les sur le sommet du bouquet. Nouez-le. Entourez ensuite la base du bouquet avec les feuilles d'aralia, et nouez à nouveau.

3. Disposez quelques citrons verts dans un récipient en verre. Introduisez la partie inférieure du bouquet dans le récipient, que vous remplissez de citrons verts.

4. Montez chacun des citrons sur une tige d'épais fil métallique, et plantez-les au cœur du bouquet.

CRÉMAILLÈRE

Bienvenue !

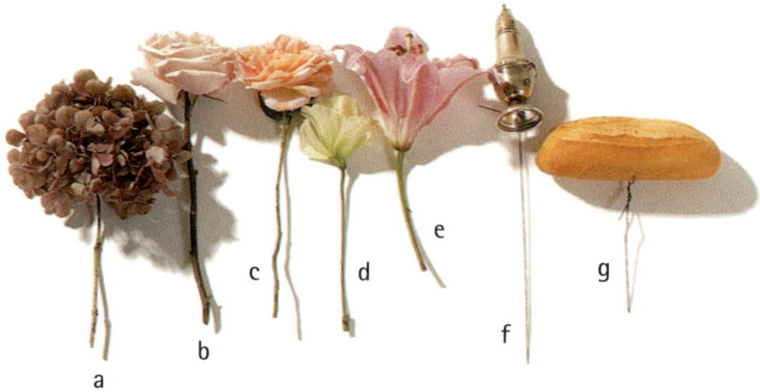

Fournitures : fleurs

- a 1 fleur d'hortensia
- b 2 roses de couleur rose (Charles Austin)
- c 4 roses couleur saumon
- d 6 mauves couleur crème
- e 3 lys
- f Salière en argent (montée sur une tige de fil métallique)
- e Petit pain (monté sur une tige de fil métallique)

Éléments de garniture

- a Feuilles de bergénia
- b Pommes sauvages (montées sur une tige de fil métallique)
- c Asparagus
- d Lierre fleuri
- e Feuilles de leucothoé
- f Symphorines
- g Carottes sauvages
- h Branches de salal
- i Monnaie-du-pape
- j Petites branches (en forme de « fil barbelé »)

1. Formez le cœur du bouquet en insérant les deux roses de couleur rose (Charles Austin) dans la fleur d'hortensia. Piquez ensuite le lys sur le sommet. Ajoutez tour à tour les différentes fleurs sur le haut du bouquet, de façon à obtenir un dôme bien arrondi.

2. Incorporez peu à peu les éléments de garniture (feuilles de leucothoé, pommes sauvages, lierre, asparagus, symphorines, carottes sauvages, petites branches), et nouez le bouquet avec du raphia. Entourez-le de branches de salal, de feuilles de bergénia et de monnaie-du-pape, et nouez-le à nouveau. Terminez en plantant le pain et la salière, symboles traditionnels d'hospitalité.

ANNIVERSAIRE

Meilleurs vœux !

Fournitures

- a Rameaux de lierre
- b Cadre photo en argent, en guise de cadeau (une tige de fil métallique est fixée sur le support, derrière le cadre)
- c Brins d'herbe
- d 7 dahlias orangés
- e 20 myosotis
- f 7 dahlias roses
- g 9 dahlias rouges
- h Alchémille
- i 5 roses de couleur rose
- j 7 eustomas de couleur rose
- k Asparagus

1. Composez un bouquet rond avec les fleurs et les éléments de verdure, assemblés en spirale.

2. Faites serpenter une couronne de lierre tout autour du bouquet. Si nécessaire, attachez les deux extrémités du lierre avec du fil métallique. Terminez en plantant avec précaution le cadeau dans le bouquet.

Photos : Gisela Caspersen, Hambourg
Rédaction : Ursula Krüger, Reinbeck ; Regine Gamm
Maquette : Ohl Design, Wiesbaden ; Petra Zimmer

Cet ouvrage est paru sous le titre original : *Arrangements für Schnittblumen, Sträusse zum Verschenken*
Édition du Club France Loisirs
avec l'autorisation des Éditions Falken

123, boulevard de Grenelle, Paris
www.france-loisirs.com
Traduction : Brigitte de Montgolfier
Adaptation, composition : Belle Page, Boulogne

ISBN : 2-7441-5220-X
N° Éditeur : 35777
Dépôt légal : février 2002

Achevé d'imprimer
en février 2002
sur les presses de NEOGRAFIA

Imprimé en SLOVAQUIE